Regards croisés
sur un monde infini

Élèves et professeurs du
Collège François Truffaut de Strasbourg
vous proposent
leurs

Regards croisés
sur un monde infini

Choix (limité) de textes

BoD

En souvenir d'un projet d'écriture entrepris en 2019/2020
dans les classes de 4e3, 4e7 et UPE2A
du Collège François Truffaut de Strasbourg.

Linda Steven, *Lettres modernes*
Florent Durel, *UPE2A – FLE*
Julie Lapierre, *Arts plastiques*

VALEURS PARTAGÉES

Textes en liberté

CONTRE LE RACISME, VRAIMENT

Le racisme, c'est quand un humain est rejeté soit à cause de la couleur de sa peau différente de celles des autres, soit à cause de sa religion. Il se sent inférieur aux autres personnes qui l'entourent car ces personnes l'humilient et le critiquent constamment. Les personnes racistes rejettent une ou plusieurs personnes parce qu'elles sont aussi xénophobes. **Tous les êtres humains sont égaux.** Nous sommes tous pareils, seuls de petits détails nous différencient. Nous pouvons être blancs ou noirs, musulmans ou juifs, ça ne change rien au fait que nous respirons tous. Et nous vivons tous de la même façon.

Sarah

***

À l'époque, les Européens conquéraient et colonisaient les autres continents qui étaient inconnus d'eux. Ils pillaient les richesses et imposaient leur religion, leur langue et leur mode de vie. Ils utilisaient les peuples conquis pour en faire des esclaves. Pour eux, les Noirs étaient des animaux et non des humains. Ils n'étaient pas reconnus comme des êtres humains. Aujourd'hui le racisme est beaucoup moins présent. **Mais la xénophobie existe toujours.** Dans les transports en commun, beaucoup de gens sont encore discriminés à cause de la couleur de leur peau, leur apparence, leur façon de s'habiller, leur personnalité. Pourtant, on devrait tous s'accepter tel qu'on est, parce que nous sommes tous des êtres humains, ayant un cerveau, une personnalité et un cœur.

Rajia – Mevlude – Dylara – Güleyda – Melda

Tous les êtres humains naissent libres et égaux en dignité et en droits. Et il n'y a qu'une seule espèce : l'espèce humaine, mais chez les animaux il y a des races. **Le mot « race » est supprimé de la Constitution française** car il témoigne d'un manque de respect et de droit envers toutes personnes humaines. Les différences ne doivent pas être jugées. Les personnes qui sont responsables de ces jugements se nomment des racistes. L'être humain a souvent peur. C'est pour cette raison qu'il est raciste et c'est pour cela qu'il déchaîne sa haine. Les racistes dénigrent les immigrés car ils ont peur pour eux. Ils stigmatisent des différences de comportement, de mentalité, de croyance. L'être humain a besoin d'être rassuré. Il n'aime pas trop ce qui risque de le déranger dans ses certitudes et il a tendance à se méfier de ce qui est nouveau. Son racisme s'exprime de manière violente. Il communique aux gens mal informés des affirmations fausses pour qu'ils aient peur. Le racisme est généré par la peur.

Wissam – Inssaf – Lina – Anahit

***

Blanc, noir ou jaune, on est tous égaux, il y a qu'une seule race : LA RACE HUMAINE. **On est tous pareils à l'intérieur.** Il n'y a pas de différences. Il y a plusieurs façons d'être raciste : en rejetant la religion, la nationalité ou la couleur de la peau d'une personne.

Le racisme peut provoquer le harcèlement, la peur, le suicide. Qui dit racisme dit agression permanente. Quand on est raciste, on peut avoir une amende. La personne concernée par ces discriminations se sent rejetée. Le racisme peut provoquer des dégâts si la personne visée par ces attaques se révolte. On imagine parfois des choses horribles quand on est raciste et on dit des choses horribles quand on est raciste. Les personnes racistes ne savent pas à quel point leurs propos peuvent faire mal aux autres personnes.

Dock Champa

***

Le racisme consiste à détester une personne différente de soi, à ne pas accepter la différence que ce soit la couleur de la peau ou les origines. Le racisme et un complexe d'infériorité ou de supériorité. Il peut être défini sous plusieurs formes que ce soit physique ou verbale. Le racisme est lié à la peur éprouvée vis-à-vis de ce qui est étranger. La plus importante manifestation mondiale de racisme connue à ce jour a été le génocide perpétré par Hitler à l'égard des Juifs au motif qu'ils appartenaient pour Hitler à une race dite « inférieure ». **Cet homme était antisémite et se considérait comme supérieur.** Les racistes approuvent l'idée de rejeter ceux qui sont différents.

Anis – Paul

***

Le racisme est une peur enfouie à l'intérieur de l'humain et qui fait écran entre lui et les autres humains. Le racisme consiste à obliger une personne à briser sa liberté et sa vie pour une autre personne. Mais cette personne qui traite l'autre comme un objet a peut-être des ressemblances avec elle et cela ne se fait pas. Essayons de nous focaliser sur nos ressemblances et pas sur nos différences. Chaque être humain doit être considéré comme un être humain et pas comme un objet ou un serviteur. Les êtres humains sont différents.

Minces, gros, grands, petits, musulmans, bouddhistes, chrétiens, juifs et avec des couleurs de peau différentes, nous devons tous être considérés comme des êtres humains. Heureusement, aujourd'hui, le racisme est moins fréquent dans le monde et mal accepté par le plus grand nombre.

Zine-Abidine – Bahoz

***

Le racisme peut se produire de manière physique ou verbale. Quand une personne est victime de racisme, elle s'en trouve vexée. Le racisme, c'est établir une différence de niveau entre les personnes en fonction de la couleur de leur peau ou de leur physique. Un raciste a peur de tout ce qui est différent de lui. Il n'y a pas de race humaine. **Il y a des races d'animaux et une espèce humaine.**

Mohamed – Yousef

CETTE MÈRE OU CET AMI
QUE NOUS AIMONS

Strasbourg, le 4 novembre 2019

Cher Jean,

Mon très proche ami que j'admire et à qui je tiens du plus profond de mon cœur.

Sache mon très cher Jean que chaque matin, à chaque lever du soleil, il y a des rayonnements et ces rayonnements reflètent tout ce que nous avons vécu ensemble et ton beau sourire que j'ai hâte de revoir !

Rentre vite de ton voyage ! Tu nous manques ! Tu me manques ! Je te donne rendez-vous dès ton arrivée au village à 19h15 à la place du marché. J'ai à te dire…J'ai à te parler de toi. De nous.

J'espère que tu recevras cette lettre avant ton arrivée. Je t'attends avec impatience, je t'embrasse deux fois plus.

À toi de tout cœur,

Marie-Rose
(Lettre écrite par Lina)

***

Vendredi 8 novembre 2019

Ma maman chérie,

Je sais que tu es maintenant de nouveau toute seule. J'ai peur que tu n'aies un peu froid dans ton cœur, que tu ne sois très triste et je veux t'écrire aujourd'hui rien que pour te dire combien je t'aime tendrement.

Il me semble que mon affection pour toi me fait si bien comprendre toutes les pensées grises qui tournoient autour de toi certains jours et le chagrin… J'aimerais que cette lettre les chasse.

Je t'aime maman, tu es la meilleure des mères. Continue comme cela, tu es la meilleure à mes yeux.

Ton fils, Mohamed
(Lettre écrite par Mohamed Mahdi)

***

LES CHEMINS CREUX

On arrive, il est tard, la maison dort, paisible.
Il aura fait bien froid, le cœur et les soucis
Au fond des poches sont des compagnons rassis …
Tiens, on en pleurerait si ce n'était risible.

Les agglomérations noires et drolatiques
Qu'on a laissées derrière, après dix-mille pas,
Sont loin comme sont loin Trappes et Maurepas.
– Des bois, vers Rambouillet, s'élève une musique.

Dans la besace danse un bien maigre violon
Qui sait faire oublier le chemin qui est long.
– Ce soir, le vin, enfin ! et la bonne fredaine

Sauront ragaillardir le voyageur glacé.
La maisonnée s'ébroue dans le jour violacé
Et quelques amis font votre fin de semaine !

(Florent à son ami Roger)

PAS D'ANIMAUX MARTYRISÉS,
S'IL VOUS PLAIT !

RESPECTEZ LE VÉGÉTARISME !

Pour justifier le végétarisme, nous faisons appel à vous, carnivores !

Vous qui consommez de la viande animale depuis que le monde est monde, vous qui profitez du cycle de la vie pour déguster de la bonne viande bien fraîche, vous ne cessez d'aggraver le réchauffement climatique et d'affamer d'autres populations. Limitez vos envies pour que la torture infligée aux animaux cesse !

N'oubliez jamais que les animaux sont des êtres vivants et sensibles comme nous! L'intelligence de l'homme et de la femme doit servir à autre chose qu'à faire souffrir. Nous ne sommes pas en compétition avec les animaux pour assurer notre survie.

Güleyda – Lina

***

Aujourd'hui, en 2020, les ours polaires sont victimes du réchauffement climatique.

Est-ce qu'ils pourraient bénéficier d'une deuxième chance ? Ils sont chassés pour leur fourrure et à cause de nous leur habitat disparait. Le réchauffement climatique, généré par les activités avides et nuisibles des humains, grignote de plus en plus la banquise indispensable à la survie des ours polaires.

Chers ours polaires, nous sommes désolés que les humains vous infligent de mourir par noyade du fait de la fonte des glaces générée par leur avidité à consommer toujours plus. Et si on faisait des efforts de recyclage et si on arrêtait la pollution et si on prenait les transports en commun plutôt que de rouler en voiture ?

Il est plus que temps de faire des efforts pour arrêter le réchauffement climatique et garder cette vie équilibrée et diversifiée sur la Terre qui devrait pouvoir faire le bonheur de nos enfants et petits-enfants.

De génération en génération, nous voulons continuer à profiter de la beauté de l'ours blanc et de la planète.

Dylara – Mevlude

***

LE VIEUX CHIEN

Mais qu'est-ce donc que tu promènes
Dans ta bonne tête de chien ?
De la tendresse ou de la haine
Pour tout ce qu'est le cœur humain ?

Avec ta gueule de pirate
Solitaire et peu caressant,
Tu montes toujours à l'attaque,
– Et mords l'ami ou les passants !

Sous ton poil gris de vieux soldat
Qui n'a jamais perdu la foi,
Brille ton œil vitreux de borgne

Qui me regarde en miroitant.
Et, quand je gronde, tu me lorgnes
Et dis : « Vois-tu ce qui t'attend ? »

Florent

LE ZOO DE DREAM VILLAGE (MAROC)

Il y a quelques semaines, nous sommes allés au Zoo de Dream Village. Il se trouve à quelques kilomètres de Casablanca. C'est une des destinations préférées par les familles pour passer une journée agréable. On y découvre des paysages magnifiques et des animaux de tous les continents.

Vers midi, alors que nous étions en train de pique-niquer, un singe s'est approché de nous. Nous avions sorti des fruits et des vivres du panier familial et nous avions commencé à manger et à boire. Comme nous ne pouvions pas lui donner ce qu'il voulait, le petit primate s'est énervé et s'est mis à crier et frapper le sol de ses membres vigoureux. Il nous faisait un peu peur. Il sautait, glapissait et semblait se moquer de nous ! Quel comédien !

Mohamed Amine

***

CHIEN ET CHAT !

Quand j'étais petit, j'avais un chat qui s'appelait Sam, et moi, tous les midis, quand je rentrais de l'école, je jouais avec lui. J'avais également un chien qui s'appelait Duc.

Un jour, Duc, qui n'était pas dans sa niche, était resté dans la grande cour familiale et on ne le voyait pas. À midi, donc, alors que j'étais sorti avec mon chat, Duc entendit son miaulement et arriva en courant pour agresser la pauvre bête !

Je courus précipitamment pour protéger mon chat, mais celui-ci me mordit au doigt ! Brave bête !

Zakarya

***

DE VIEUX SOUVENIRS

Alors que ma famille et moi visitions Tbilissi, la capitale de mon pays, nous nous sommes promenés dans le Parc central. Mon frère et moi, nous nous sommes bien amusés avec les attractions : la grande roue, les autos tamponneuses, la colonne magique, le train fantôme, etc.

Ensuite, nous avons marché vers le zoo. Nous y avons observé des lions, des éléphants, des tigres. Il y avait environ quatre-cents animaux! Ce sont surtout les tigres qui m'ont le plus impressionnée. Ils étaient plus grands que les lions ! Quelle belle excursion !

Elena

POISSONS, PIGEONS, VAUTOURS ET AUTRES BESTIOLES

Que cherches-tu à remonter
Comme un fou tête nue
Le cours des rivières ?
Les poissons n'apparaissent
plus et l'eau est claire

***

Nuée de pigeons
En face du stupa
Leur collerette verte
Sur des corps de plomb

***

Étincelles d'un peu de Gaya
Soudain Ravi
La sitar à la main
A Rajgir gravit
Le Pic des Vautours
et m'offrit l'autre main
Au Bihar un jour
Nalanda au bout du chemin.

Linda

À LA MANIÈRE DE BERNARD FRIOT

Planète Terre, neuf heures du matin

Cher Fiston,

Je ne suis pas d'accord avec toutes les bêtises que tu fais. Certes, tes notes se sont améliorées mais ce n'est pas une raison pour fuguer !

Suite à ta fugue, qui est inqualifiable, tu peux faire une croix sur ton V.T.T. Et tu n'en auras pas d'autre car j'imagine qu'il n'y a pas de Père Noël – ni de Mère Noël ! – sur la planète Mars.

Bon, merci quand même de nous avoir écrit car ton père et toute la famille sont allés chez ton ami François pour lui demander si tu l'avais mis au courant de cette fugue. Non seulement chez ton ami François mais aussi au commissariat de police.

La police n'en croyait pas ses oreilles. Les policiers nous ont mis à la porte en nous disant : « Ah ! Tiens ! Un ado sur Mars ! Ah ! Ah ! Ah ! Elle est bien bonne celle-là ! Bon, allez raconter ces ragots où vous voulez sauf chez nous, dites-le à la police martienne tant que vous y êtes ! »

On était désespéré et d'ailleurs parlons de ce que tu laisses derrière toi : la Playstation est toujours en marche depuis deux jours. Elle mange toute l'électricité et ça va se voir dans la facture. Déjà que ton père regarde sans cesse la télé, ça va faire un sacré chiffre ! Sans oublier les chaussettes sales qui trainent dans ta chambre et dans celle de ta petite sœur et les chewing-gums que tu as collés sur les murs et les boulettes de papier qui s'amoncellent sous ton lit !

J'ai ouvert une de ces boulettes de papier où j'ai pu lire tes techniques d'approche pour conquérir le cœur de ta camarade Julie. Pas très malin. On aurait dit que tu cherchais à ce qu'on le sache ! Tu ne trouves pas que ça fait beaucoup de choses en même temps ? Même si tu rentres dans les cinq jours, ta petite sœur va prendre ta chambre et ton doudou avec lequel tu dors encore à l'âge de 12 ans passés ! (On ne peut vraiment pas dire que tu sois très mature).

Mais je dois quand même t'avouer quelque chose : c'est aussi un peu de ma faute, j'aurais dû être plus indulgente envers toi et te laisser t'amuser au cinéma avec ton copain François.

Allez, rentre vite car je vais te concocter une petite merveille de Noël ! Cette recette vient d'Alsace, elle se prénomme « männele ». Eh oui ! Bon, arrêtons là et reviens vite pour qu'on te fasse des câlins et que tu nous couvres de bisous martiens.

Tu as de la chance que tes parents ne soient pas rancuniers.

Je te dis à dans une semaine et au revoir mon lapinou !

Ta maman qui t'aime et ton papa aussi

Zine-Abidine

P.S. : Viens vite pour déguster tes chers et tendres männele.

COUPLES PARFAITS, FAMILLES IDÉALES ?

Pour moi une famille idéale, il n'y en a pas. Chaque couple a son rythme. Nous ne pouvons pas définir ni même prévoir quelles seront les épreuves de la vie. La vie peut se montrer injuste parfois même sans pitié.

Après tout, j'ai quand même une idée de ce que sera mon vaste et large avenir. Je me vois en costard et cravate, petit bisou à ma femme et à mes enfants et direction le travail.

À vrai dire j'aimerais avoir quatre enfants, les deux grands frères et les deux petites sœurs pour qu'ils puissent se serrer les coudes et former à leur tour une belle et heureuse famille pour le monde de demain.

Ma femme je la vois forte avec un mental d'acier, ayant du caractère et qui n'hésiterait pas à être intransigeante concernant le parcours scolaire de nos enfants.

Pour conclure, je ne voudrais pas d'une famille idéale car il n'y a pas de famille idéale car chaque couple passe par des hauts et des bas.

La vie n'est pas une chose à prendre à la légère.

Zine-Abidine

***

Je pense que le couple parfait ne dépend pas du fait que deux personnes soient de la même religion ou non, ou de la même nationalité. Le couple parfait serait que les deux personnes s'aiment quoi qu'il arrive, que les partenaires aient une confiance mutuelle, une complicité voire une certaine passion. Il faut aussi qu'ils prennent leurs décisions ensemble.

Le couple peut ne pas être de la même nationalité ou ni de la même religion, éventuellement même ne pas avoir cette petite « étincelle », ce n'est pas ce qui fera que le couple sera imparfait. Le couple se base avant tout sur la personnalité des deux conjoints. Certaines personnes ont une personnalité douce et calme, et d'autres impulsive et fougueuse. Tant que les deux personnes se comprennent alors le couple est « parfait ».

Rajia

***

Il n'y a pas un seul couple idéal, toutes les familles ont quelque chose d'unique ou d'idéal. Cela dépend du point de vue où l'on se place et ceci d'autant plus s'il s'agit d'un couple mixte, si les deux personnes n'ont pas la même religion, ni la même culture. Ma réflexion à ce sujet s'est forgée du fait que mes parents n'ont pas du tout la même culture, pas du tout la même religion, pas du tout la même façon de voir les choses, de penser, d'agir. Mes parents sont totalement différents dans tous les sens du terme, mais cela ne change rien à l'amour qu'ils me donnent et je les en remercie.

Lina

***

Pour moi un vrai couple, c'est un couple qui s'aime, car, le jour du mariage, on se promet de s'aimer et de rester unis par le mariage, mais il arrive que l'on oublie cette promesse et que l'on se dispute. C'est normal, c'est humain. Peu importe les origines d'un couple, qu'il soit franco-marocain, franco-anglais ou franco-japonais, ce n'est pas grave, car un couple est fondé d'abord et avant tout sur l'amour.

Mohamed

***

LES PARFAITS

Gamins, quand nous aidions nos parents à la tâche,
Nous préparions parfois avec eux les bocaux.
Ensemble, on épluchait le tas de haricots
Et le vieux cousin Louis blaguait comme un potache ...

– J'apprenais malgré tout que d'or est la patience.
Ma mère surveillait mon travail laborieux
Et, douce, m'enseignait : « N'en perds pas ! Sois sérieux !
La récolte est un gain, le jardin une science. »

Mais les verres déjà, typiques de ce temps,
Garnis et entassés dans la marmite obscure,
Cliquetaient sur le feu et dans l'eau qui murmure.

– Mes frères, Louis et moi attendions, bien contents,
Puis mon père, un à un, retirait les Parfaits
Et, crâneur, appréciait : « Encore ça de fait !

Florent

LE PIQUE-NIQUE EN MONTAGNE

Il y a un an de cela, nous sommes allés en montagne avec mon père et mon oncle. Nous espérions pique-niquer tranquillement et profiter de la soirée. Mais l'obscurité s'est installée rapidement.

Mon père a eu alors l'idée d'allumer les phares de la voiture, car on n'y voyait plus très bien. Le pique-nique a bien duré deux heures et les phares se sont peu à peu déchargés. On n'avait plus de lumière. J'ai commencé à paniquer !

Serdar

***

UN SOUVENIR DE FATIMA AU MAROC

Il y a longtemps, quand j'avais cinq ans, j'ai fait un voyage au Maroc avec toute ma famille. Nous étions à la plage de Kénitra et nous avions décidé de nous baigner.

Après la baignade, j'ai aperçu au loin un parasol rouge sur la plage. J'étais attirée et je suis partie me promener dans sa direction. Je n'avais pas mesuré que c'était trop loin pour moi et finalement je me suis perdue sur la plage. Quel cauchemar !

Fatima-Zahra

MON VOYAGE AU MAROC

Il y a quelque temps, nous sommes allés au Maroc pour passer les vacances. Le Maroc est une de mes destinations préférées, car beaucoup de gens, de lieux, de paysages sont à découvrir, notamment à Casablanca. Casa est la capitale économique du Maroc.

Je me souviens d'un jour où ma grand-mère nous avait préparé un délicieux couscous et un tajine au poulet et également la pastella. Après, nous avons bu du thé et dégusté des pâtisseries aux amandes. Quels bons moments en famille !

Mohamed Amine

***

UN MAUVAIS SOUVENIR

Comme tout le monde, j'ai aussi un mauvais souvenir.

J'étais au stade avec mes amis et nous avons commencé un match de foot. Mais à treize ans, on n'est pas très prudent et une fille que je connaissais bien m'a poussée violemment. **Je me suis écroulée et je me suis cassé le bras.**

Je n'ai pas pu m'empêcher de pleurer, car la douleur était insupportable. À l'hôpital, le docteur m'a bandé l'avant-bras droit avec un bandage spécial. Il a dit que c'était une foulure. Deux semaines plus tard, une radio a montré que l'os était correctement remis.

Au bout de deux semaines, le bandage a été coupé avec des ciseaux, mais la rééducation qui a suivi a été longue et douloureuse. Quelle expérience désagréable !

Elene

***

LES TARTINES BEURRÉES

En voyage ou chez soi, les tartines beurrées
Sont, dès que la nuit pèse un peu moins sur les toits
Et que les lève-tôt ont la panse serrée,
Un mets à déguster, rêveur, avec les doigts.

On y étale en creux, à l'aube cristalline,
Le beurre souple et blond dans son écume d'or
Qui, propre à cajoler les humeurs très câlines,
Fait sourire en pensant à tel meunier qui dort !

C'est l'heure où artisans et ouvriers se pressent ;
Les vitrines se font une beauté d'un jour.
La boulange produit force miches et tresses,
Petits pains croustillants, sa fierté de toujours !

Au petit déjeuner, prenez le temps de vivre !
Vos tartines dorées se partagent à deux.
Regardez qui vous aime et vous êtes comme ivre,
Oubliant au dehors les nuages douteux.

Salé, doux, du pays, goûtez la noix de beurre
Du bout de l'arrondi d'une lame de choix.
Puis laissez-vous aller encore un bon quart d'heure,
– En rêve, vous fendez le vieux pays françois.

Prairies, bocages verts ou salants de Guérande,
Que de choses qui sont et seront aujourd'hui,
Quand, fondant à loisir dans la bouche gourmande,
Le beurre du matin dit adieu à la nuit.

Vous êtes prêt, il faut partir à la conquête
Du monde, desserrer les bras qui vous tenaient
Et sortir plein d'envies et quelques vers en tête.
– Les miettes sont secouées … Respirez par le nez !

Florent

***

ENSEMBLE EN FAMILLE !

Aujourd'hui, je vais vous raconter le plus beau jour de ma vie. Ce jour était le dernier de l'année. Je pensais que ce serait un jour comme les autres, car habituellement nous ne faisions pas la fête en famille. Mais à un certain moment, ma mère a reçu un appel de mon oncle qui vit à Paris. Il lui dit : « Pouvons-nous passer chez vous quelques jours ? » Ma mère a répondu oui, de même que mon père. Et immédiatement, mon oncle a appelé les autres membres de la famille ! D'Allemagne, du Maroc, d'Italie et de France !
Yahia

MON PREMIER JOUR À STRASBOURG

Mon premier jour à Strasbourg, c'était le 11 juin 2019. Après s'être installés dans notre nouvelle maison, nous nous sommes préparés pour notre première sortie. Il fallait faire des courses alimentaires, mais ensuite, ma mère et moi nous avons pris le tram pour faire du shopping. C'est plus intéressant.

Ce qui nous a attirés, moi et ma famille, c'était **la Cathédrale immense de Strasbourg**, au beau milieu du centre historique et la belle promenade le long du canal en direction de la Petite France. Traverser les petits ponts, parcourir les vieilles ruelles de ce quartier touristique, c'était vraiment une sensation unique et nouvelle pour moi ! Une journée vraiment inoubliable et dont je suis encore très contente !

Fatima-Zahra

RESPECT
DE LA DIFFÉRENCE SEXUELLE

Je suis pour l'homosexualité, car ça change des habitudes. Il y a beaucoup d'avantages, c'est plus facile. **Mais la difficulté, c'est le jugement des autres.**

Anahit

***

C'est leur choix, c'est leur vie, pas la mienne. On doit respecter leur choix, tout simplement car ils sont avant tout des humains. Chacun mène son destin, sa vie comme il les sent. Avant je me posais beaucoup de questions. Je m'interrogeais sur la façon de répondre à cette question. Et je me suis tout simplement dit : humains.

Rajia

***

Chacun d'entre nous est libre comme le dit très bien la devise française : « Liberté, égalité, fraternité ». Roland Riess le maire de Strasbourg marie les homosexuels. Jean Paul Nishi dans son manga *À nos amours* nous raconte les difficultés rencontrées par Roland amoureux de Nicolas. Il avait peur du regard des autres jusqu'au jour où les choses se sont faites naturellement. Chacun choisit ses orientations. Heureusement que la France ne les interdit pas. De plus à Paris, il y a la Seine qui est un endroit inspirant où les gens aiment se promener.

Mais toutefois, le problème pour les couples homosexuels c'est les enfants. Ils sont obligés d'adopter des enfants.

Mohamed

Les homosexuels sont des êtres humains tout comme nous, avec un grand « H » ayant droit aux mêmes libertés que nous et ayant la même envie de vivre libre et de rencontrer le véritable amour.

Lina

***

Je trouve que les homosexuels ont suffisamment souffert des insultes, des moqueries, des stéréotypes et dans les cas extrêmes des flagellations et des défénestrations.

J'apprécie énormément les associations et les gens qui sont là pour aider et redonner confiance aux homosexuels.

Dylara

***

Ce monde est fait de beaucoup de différences, parfois uniques. Nous devons les accepter et non pas salir ni humilier ni tyranniser nos semblables.

Paul

***

Je suis triste de savoir que pour une orientation sexuelle différente des personnes sont flagellées, défenestrées, lapidées car on vit dans un monde grand, vaste, rempli de choses extraordinaires. **Pour moi chaque être humain est original par ses goûts, sa façon d'être, ses choix et la vie qu'il mène.** Nous vivons aujourd'hui dans une société très mouvementée où règnent la violence, les guerres, les paroles brutales.

L'homosexualité est un complexe de différences émotionnelles malheureusement toujours considérées comme inappropriées et causant dans les cas extrêmes la mise à mort.

Anis

***

LES DEUX AMANTS DE MANU

Goliath, mauve et or, a fusé par la fente
Où, pure, dardait la Lune ses rayons,
Et secoué la pluie sur l'impeccable tente
Où reposait Manu sur le sein d'Arion.

— Manu rêve bercée, légèrement rose,
Sous le soleil de givre, immobile et blanc ;
Elle a été blessée, et l'aube dépose
Une élégante fleur rouge sur son flanc.

Ses deux amoureux se battent sur la neige
Comme des chiffonniers aux bras forts et nus.
— Goliath a-t-il mangé l'Étoile ? — et moi sais-je
Pourquoi ils furent verts les yeux de Manu ?

Florent

***

L'homosexualité est une voie que peut suivre chaque citoyen s'il en a envie. Il faudrait cesser de persécuter l'homosexualité, car cela ternit les valeurs de tolérance de notre monde.

Zine-Abidine

RESPECT DE LA DÉMOCRATIE

Jawaharlal-Nehru University

Choses vues à New Delhi – Juillet 2019

C'est un joli campus universitaire blotti sous la verdure à quelques encablures du centre de New Delhi. La végétation y est florissante. On y transpire en plein mois de juillet quand il fait chaud. On y est piqué par les moustiques à l'annonce d'une pluie rasante de mousson. Les étudiants semblent y être heureux. Semblent. Les braises couvent sous la cendre. La liberté de penser est menacée. On veut tuer la JNU, la Jawaharlal-Nehru University.

Les nationalistes hindous l'ont dans le viseur ce petit bastion tranquille de la liberté d'expression, ce petit îlot champêtre où quelques professeurs inspirés – souvent artistes et poètes – transmettent les valeurs de la démocratie à leurs étudiants. Une université des sciences humaines. C'est cela que lui reprochent le plus Narendra Modi, le premier ministre indien, et ses longs couteaux. Et ce qu'ils lui reprochent encore plus c'est qu'elle porte le nom de Nehru et qu'elle soit de gauche.

Depuis 2016, des professeurs sont remplacés et ceux qui y restent encore – vivante mémoire du lieu – sont observés, inquiétés, régulièrement dénoncés, trahis au sein même du bâtiment. Un professeur de philosophie ou de lettres qui ne peut plus exercer librement son questionnement scientifique sur les savoirs qu'il transmet n'est plus en mesure de pratiquer correctement son métier.

La démocratie un peu partout dans le monde est menacée. À la JNU comme partout ailleurs. Ce bouquet de senteurs sera-t-il bientôt décapité par la pluie qui s'annonce épaisse, dévastatrice ? Émilie court se réfugier dans un des grands halls du campus. Un étudiant dont elle vient de faire connaissance la suit.

Il pleut. Dru. Intense. Impitoyable. Des étudiants non loin tambourinent, hurlent, forment une chaîne humaine pour alerter l'opinion sur la situation qui leur est faite. Le loyer des chambres sur le campus augmente régulièrement verrouillant de ce fait l'accès à l'université aux étudiants les moins fortunés. Certains étudiants pauvres du Bihar pourront-ils encore y venir s'instruire ? Non, sans doute. Et c'est cette discrimination-là, cette discrimination par les castes que Modi veut mettre en place.

Émilie regarde la pluie tomber et se remémore l'entretien qu'elle vient d'avoir avec un des professeurs indiens qui enseignent le français dans cette université et qui lui demandait de bien fermer la porte une fois entrée dans son bureau.

— Fermez bien la porte, s'il vous plaît ! Nous ne vivons plus tranquilles ici. Nous sommes sans arrêt observés et très rapidement dénoncés si nous ne suivons pas la ligne conforme à celle du BJP[1]. Dans ces conditions-là je n'exerce

---

[1] BJP : Bharatyia janata party, le parti de l'actuel Premier ministre indien, M. Narendra Modi.

plus mon métier. Cela devient une escroquerie pure et simple.

Émilie s'en remet à son jugement. L'homme qui lui fait face est un excellent professeur, un très bon pédagogue, un esprit ouvert. C'est de cette qualité-là dont Modi ne veut plus. Les esprits maintenant se doivent d'être fermés, inféodés, car il n'y a plus désormais qu'une seule ligne de pensée. La grande entreprise du redressement des cerveaux a commencé. Penser droit selon Modi signifie être hindou, martyriser les musulmans, discriminer les classes les plus pauvres de la société indienne, être du côté des plus forts, des brahmanes et restreindre l'accès à l'université à des professeurs indiens issus des castes dites « basses » voire « intouchables » de la société indienne.

Imaginons-nous un instant un monde où il n'y aurait que des hindous ? L'uniformité de pensée est une illusion, une simple machine à broyer. La pensée naturellement est multiple, diverse, un diamant aux cent mille facettes reflétant chacune la diversité des savoirs, leur richesse même.

Linda

***

TABLEAU ROUENNAIS

Le ciel de zinc gris râle
Et, vers la Cathédrale,

Prend des pastels sanguins
Plaqués à la Gauguin.

Las ! Rouen, ce soir, tu flambes.
On court à toutes jambes

Le long des quais, cent fois !
On se souvient, ma foi,

Des coqs, où sous les miettes
Riait un fond d'assiette

Au temps des gais motifs
Peints, des paniers votifs …

Mais Rouen, ton incendie
N'est pas de comédie !

Le feu rôde, matois,
Sale, — et surgit des toits.

Des stocks, des fûts crépitent.
Les mouettes vont plus vite

Dans le ciel en Vieux Rouen
Trahi par des truands.

De leur côté, les forces
D'avec la nuit divorcent.

Les entrepôts brûlants
Jettent des gaz très lents

Jusqu'au bord sans l'atteindre,
Et des diamants à peindre !

– Hissez haut ! Hissez haut,
Les gars, la lance à eau

Vers le ciel à la Fouace,
Beurré de suie, – qui poisse.

Florent

***

L'ARGENT

L'argent,
Qu'est -ce que l'argent ?
Du papier qui nous offre de nombreuses possibilités
d'émotion.
La joie, la tristesse et la bonne humeur.
Quelle est la question de ce poème ? me direz-vous, la
voilà :

Peut-on vivre sans argent ? Telle est la question !
Et la réponse est non !

Ryad

AH ! CES BEAUX,
CES MERVEILLEUX GLACIERS !

Jeux poétiques divers

Tristesse
Ce n'est pas un roman de
Yasunari Kawabata
Tristesse
Tu ne m'appelleras pas
Oh triste et blanc Fujiyama !

                                        Linda

LE PONT DES SOUPIRS

Amour du fleuve
Les lampions sont jaunes
Et la fête terminée
Mais le cadenas
est rouge
sur le pont où pas un
ne bouge
et noire est sa clé
au mitan des communs
où les mendiants l'ont jetée

                                        Linda

Le foulard est fleur
L'écharpe du sakura
Étreint le prunier

                                        Linda

SOUVENIR D'UN VOYAGE À AUSCHWITZ

Le petit bois de bouleaux
Comment peut-il être blanc ?
Comment peut-il être là ?

Le petit bois de bouleaux
Sur la cendre noire
A poussé à Birkenau

Linda

Nos joies nos chagrins
La lumière du matin
Ne les connait pas.

Dans une flaque
Un reflet de soleil
Elle se fait attendre

À sa dernière Lune
L'hiver toussote encore
La cloche sonne

Salvatore

LIBERTÉ EN ACROSTICHE

La colère d'être considéré comme du bétail
Inventons la joie
Bâtir l'empire de nos rêves
Étancher cette soif immense
Rage d'émotions incomprises
Te voilà jeune guerrier
En toutes circonstances l'homme combattant

Anis

INJUSTICE

À chaque pas nous te voyons
À chaque fait nous te reconnaissons
À chaque coin de rue nous te repérons
Dans chaque ville nous te croisons
Aux quatre coins de la terre nous te reconnaissons
Nous vivons avec toi
C'est l'air que nous respirons
Injustice, tu n'es plus qu'un simple mot
Mais partout présent ce mot
Partout dans notre petit monde
Partout sur la planète

Dylara

UNE DRÔLE DE DAME

Il était une fois une dame.
À chaque fois que je la voyais pleurer elle me souriait et
puis continuait de pleurer.
Un jour qu'elle avait l'air d'être plus triste que d'habitude, je
partis la voir.
Nous avons beaucoup discuté.
Elle me faisait tellement rire !
Un mois plus tard, je l'ai revue, je lui ai demandé pourquoi
elle pleurait et puis riait.
Elle me répondit :
– Je suis un clown, je m'entraînais.

Anahit

LA NUIT NOIRE

Une fois par an c'est la nuit noire, sans lumière.
Durant le jour les enfants jouent et puis la nuit noire tombe
et après cette longue nuit, plus personne, le désert.
La nuit s'estompe, plus personne, mais une ville fantôme.

Mais ce jour-là soudain j'entendis des … Enfants ?
Ils pleuraient …
Leurs pleurs m'assaillaient de partout.
Je me sentais perdue.
Et puis je me suis réveillée à l'hôpital.
J'ai compris que j'avais fait un cauchemar.

Depuis qu'il y a toutes ces guerres,
J'ai vu des dizaines d'enfants mourir.
Que cela m'attriste !
Ma vie est devenue noire sombre
Comme une nuit noire.

Anahit

NATURE SENTIMENTALE

Libre, libre comme l'Air
Vent qui m'emmène au loin
Me laisse divaguer dans mes rêves profonds.

Calme, calme comme l'Eau …
Courant qui me berce
Soulage la douleur de mes tristes pensées

Brûlant, brûlant, comme le Feu …
Flamme ardente qui me réchauffe
Ravive la chaleur de mon cœur meurtri.

Sérénité, sérénité, comme la Terre …
Nature qui m'adoucit
M'apaise l'esprit chamboulé par les émotions.

Rajia

Ô vent ! Souffle où tu veux,
Là où tu as beaucoup aimé
Soulève les souvenirs du passé

Melda

Corona virus, Corona, ça vole partout
C'est contagieux, tout le monde l'aura
Tout le monde porte un masque
Ce virus est parti de Chine
La Chine contamine
Ça vole comme
Ça vole bas

Yousef

LE SOIR À GÖTTINGEN …

Le soir à Göttingen jette bleus, par degrés,
Quelques pigeons d'argent au lointain qui s'envolent
Et les morceaux d'un cœur gros comme des lucioles
Sur les vieux étains gris et les chopes de grès.

– Or, comme ce soir-là, je buvais, sourd et lâche,
Et que des bocks dorés devant mes yeux roulaient,
– Ô porteurs d'ambitions ou de vieilles relâches !
La Leine rossait sur mon cœur ses plats galets.

Florent

LA MALADIE

Oh ! Triste maladie !
Battons-nous contre cette sorcière
Jusqu'au dernier souffle !
Ne nous laissons pas abattre par cette marâtre!
Cette malédiction qui nous ronge de l'intérieur,
Tous ensemble, luttons contre elle
Pour pouvoir vivre ensemble sans maladie.

Ryad

LE SENS DE LA LIBERTÉ

Sens-tu cet air doux de liberté ?
Ressens-tu les frissons qui parcourent tes veines ?
Cette envie soudaine de bonheur ?

Oui, tu ressens cette émotion
L'envie de parcourir de nouveaux horizons,
De découvrir ce bonheur
Qui se cache derrière tes sombres pensées
et tes chagrins.

Exprime cette émotion et va !
Va ! Envole-toi loin de tes soucis, de tes peines,
Oublie ta tristesse et prends ton envol !

Voyage dans ce vaste monde cruel mais si beau
Va, lâche prise
Et goûte le sens de la liberté …

Rajia

JEUNE HOMME

L'âme, l'azur et l'araignée
Habitent des balcons fleuris
Et des charrois d'or aux lambris
Verts sous les paupières ignées.

– Jeune homme, il sort en semant l'onde
De minuit à midi ; – au bois,
Il joue d'un éclatant hautbois
Parmi les vapeurs bleues et blondes.

Un chant, au réveil, le surprend
Dans un sérail plein d'odeurs douces
Où, bien au chaud, il sent des mousses

Recouvrir ses amours et prend
L'âme, l'azur et l'araignée
Pour trois laides et vieilles fées.

Florent

CORONAVIRUS

Le virus est apparu le 12 décembre 2019. Le coronavirus fait partie d'un groupe plus vaste, dont le SRAS. Après deux semaines d'incubation, le patient ressent des symptômes, comme la toux, la détresse respiratoire, la fièvre. Certains patients affaiblis, âgés, peuvent en décéder (mourir). Pour les jeunes, le virus est réputé moins dangereux. Le virus est mortel (létal) à 2,2 % (pour cent).

Jusqu'à présent, ce virus a été contracté (attrapé) par 100 000 personnes dans le monde.

Serdar

LETTRE DE CONFINEMENT

Ces vacances n'étaient pas prévues, car soudain un pays hostile avait propagé un virus nommé Covid-19. La situation était devenue très tendue. De nombreuses personnes en étaient mortes rapidement. Ce virus était dangereux pour nous et nous ne pouvions donc pas sortir pour préserver notre propre sécurité.

On a dit que l'école resterait fermée pour longtemps. Nous avons commencé à apprendre en ligne et comme je ne pouvais pas partir en vacances ailleurs, j'ai étudié plus souvent. Le professeur nous envoyait des devoirs, ce qui était très amusant. Bref, c'était un peu comme des vacances !

Iza

JE VEUX LES REMERCIER

En raison du tristement célèbre coronavirus, virus très dangereux, la quarantaine a été annoncée en France et pas seulement en France. En conséquence, les gens se sont retrouvés dans un isolement complet. La science s'est révélée impuissante contre lui. **Les médecins disaient que l'arme principale contre le virus est la propreté et la distance entre les gens** parce que le virus est très contagieux de personne à personne. C'est pourquoi ce virus est si dangereux et horrible. Il a été interdit de sortir sans raison et sans permission. Ma famille et moi, nous étions littéralement enfermés dans la maison !

Ce processus a été difficile pour chaque personne, plus pour les enfants que pour les adultes. Dans mon cas, au début, j'ai complètement perdu le contact avec mon environnement, au collège, avec les professeurs, les autres enfants. C'était comme si notre vie quotidienne d'avant avait disparu de notre mémoire. Mais je me suis vite habituée au nouveau style de vie. **C'était comme si tout devenait plus facile**. Tout s'est bien passé grâce à mes professeurs. Ils ont fait tout ce qu'ils pouvaient. Des connexions téléphoniques ont été établies entre nous presque tous les jours ; ils m'ont envoyé des devoirs ; ils m'ont encouragée. Je veux les remercier.

Pendant mon temps libre, je regardais et écoutais la télévision. J'ai aidé ma mère en effectuant de petites tâches ménagères. Le temps a très vite passé. J'espère que tout ira bien dans l'avenir. Le monde est très beau et merveilleux, surtout à mon âge. Je crois que nous reviendrons bientôt à nos anciennes vies.

Elene

PETITS POÈMES EN ROSE

RENDEZ-VOUS 01a

comme avant
nous faisions connaissance
il y a
quinze
jours
et depuis
rien
n'est
plus

RENDEZ-VOUS 01b

il y a
quinze jours
nous faisions
comme avant
et
depuis
plus rien
n'est
connaissance

RENDEZ-VOUS 01c

depuis
nous faisions
connaissance
il y a
quinze jours
et comme avant
rien
n'est
plus

HEURE TARDIVE

de moi
à l'instant
comme
j'avance
s'approchent
à petits pas
des écureuils
qui reflètent
les couleurs vespérales

Florent

Claire-Lise

RENDEZ-VOUS 02

quelque part
une étoile
sait
qui
la désire
et
que
quelqu'un
brille

RENDEZ-VOUS 03

une étoile
je l'espère
brille
plus qu'elle
car
c'est fort
quand
je vois
bien

RENDEZ-VOUS 04

sous
ton corps
fait
pour
les tuiles
de nos amours
rouges
attend
ta maison

FÊTE

je t'ai
aperçue
te parler
au jardin
et
un jour
public
je n'ai pas
osé

Florent

Claire-Lise

Ravioli
Yoyo
Avion
Dragon Ball

Zorro
Oreille
Haricot
Art
Idiot
Rigolo

Sané
Origi
Foot
Iniesta
Anan
Nani
Éden

Fleur
Amour
Tajine
Imam
Maroc
Algérie

Amour
Soda
Yaourt
Escalope

Égypte
Mystérieux
Mangas
Amical
Noble
Utile
Euro
Lecteur

Élèves de 4e7

IN MEMORIAM

matin
rien ne bouge
en moi une rumeur m'étouffe, et s'éteint
on songe
et comme tu l'avais dit
il y a déjà longtemps

des arbres des oiseaux pleurent

et l'aube ouvre son écrin qui scintille

                                        Florent

Petite mort
Ou grande mort
Dis laquelle choisis-tu ?
La petite se glisse entre
Tes bras nus
O combien je la respire
Et je l'aime
La grande est farouche
Prend sa faucille
Sa fourche
Et coupe tes bras nus.

                                        Linda

CALLIGRAMME

Rajia

CALLIGRAMME

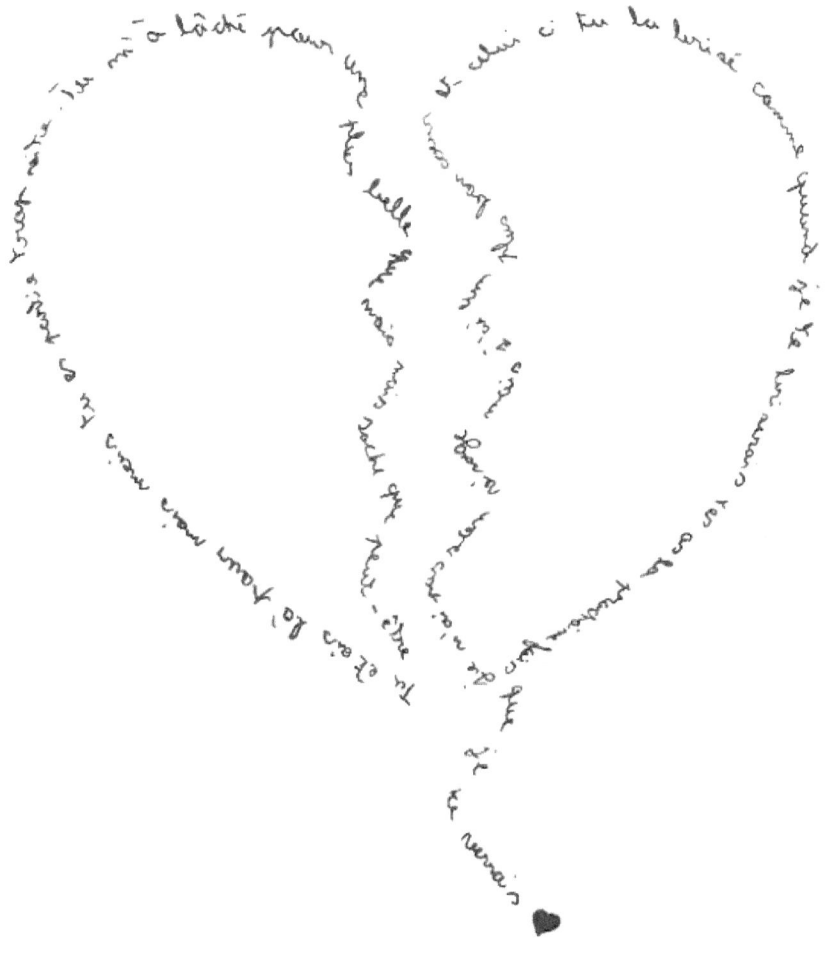

Dylara

CONFINÉS, TRITURÉS, PRESSURÉS, RESSERRÉS

Cette période de confinement est un moment difficile et sans précédent. Notre frustration quotidienne fait qu'une personne confinée dispose de ce qui lui manque d'habitude : le temps.

Malgré nos efforts pour assurer que nos vies continuent presque normalement, nous devons remarquer que le temps s'est arrêté et que le processus fou de nos vies est temporairement gelé. Pourquoi ne pas profiter de cette occasion pour prendre le temps de réfléchir et de penser à nous-mêmes, donnant à notre vie quotidienne un sens significatif qui semble perdu aujourd'hui. Bien que nous soyons limités par les murs des maisons, des appartements ou des jardins, pourquoi ne pas échapper à ces frontières et nous échapper dans l'univers plus vaste auquel nous pensons ?

Wissam

Pendant le confinement, c'est très dur de s'occuper. Quand on est plusieurs, c'est plus facile. Il y a de quoi s'occuper, par exemple, faire des jeux en famille, faire des choses ensemble comme regarder des films, apprendre à faire à manger, par exemple.

Mais ce qui est sûr, c'est que plus le confinement dure et plus c'est compliqué de s'occuper, car à force de faire toujours la même chose, on commence à s'ennuyer. Au début, ça va, c'est assez facile et pour certaines personnes qui sortaient beaucoup ça doit être difficile.

Je pense qu'il y a des personnes qui ont probablement peur, mais je pense qu'il n'y a pas de quoi avoir peur. Quand on constate qu'on est privé d'une chose c'est à ce moment qu'on réalise son importance. Il y a beaucoup de choses qui étaient mieux avant, par exemple les cours. Je pense que c'est compliqué et que c'est difficile d'apprendre.

Il y a plein de choses qu'on faisait avant et qu'on ne peut plus faire maintenant, par exemple : aller au cinéma, partir manger avec ses amis, sortir dehors, se promener et avec cette chaleur, on aurait aimé aller à la piscine pour se rafraichir.

Anahit

LE CONFINEMENT, CE N'EST PAS SI MAL

Le confinement a été pour certains une mauvaise expérience, mais sans le confinement, je n'ose pas imaginer la France d'aujourd'hui.

Il nous a aussi permis de faire une pause dans notre vie, de prendre le temps de faire plus de choses, comme profiter plus de notre famille et prendre plus régulièrement des nouvelles de nos proches. Nous avons pu aussi nous reposer et nous recentrer sur l'essentiel.

Cela nous a surtout appris à prendre conscience que tout peut arriver en un clin d'œil.

Ryad

CONFINEMENT

Les rues silencieuses, désertées
    Dans ces rues seules les forces de l'ordre passaient
        Le silence s'est installé dans les quartiers
            On n'entendait que le vent souffler dans ces
            rues désertes.

Certains citoyens vivent le deuil de leurs proches
    Devant eux, ils ne voient que l'obscurité causant la
    tristesse. Ils marchent le dos courbé
        et n'entendent aucun bruit autour d'eux.
          Ils vivent des instants difficiles.

Les infirmiers font tout leur possible pour soigner les
    patients qui souffrent dans la douleur.
        Les infirmiers, les aides-soignants vivent des
          moments difficiles et dangereux.

Malgré tous leurs efforts, beaucoup de décès sont
    malheureusement survenus et autour d'eux,
        des patients sont malades et mourants.

                                    Mevlude

Cela fait presque trois mois que nous sommes enfermés contre notre gré chez nous. Mais cela ne me dérange point, car ma sociabilité avant le confinement était déjà faible. Bien que ce confinement ait des désavantages, il a aussi pas mal d'avantages.

Grâce à lui, nous nous trouvons de nombreux talents. Bien que voir mes proches me manque, j'ai pu lire certains livres qui étaient à l'abandon. Bien que j'en ai marre de manger la même chose chaque jour, j'ai appris une nouvelle langue. Bien que je ne puisse pas voir mes amies, je rigole toujours autant derrière une caméra. Bien que je ne puisse pas sortir faire du sport à l'extérieur, je peux toujours en faire chez moi. Bien que mon anniversaire se soit passé durant ce confinement, j'ai pu profiter de ce jour.

Durant ce confinement, j'ai appris des choses et j'ai découvert des choses. Bien que ce confinement ait des avantages, j'ai hâte que celui-ci se finisse pour que nous puissions revoir notre beau soleil et respirer l'air frais.

Dylara

Confinés, c'est bien,
On s'assoit sur ses genoux
On lui ôte les poux
La mort avec ses gants
De soie et son profil bas
La mort laisse passer
Dans les rues ceux
qui ne s'attardent pas.

Linda

COMMENT UNE INTROVERTIE
VIT LE CONFINEMENT

En cette période des plus mouvementées, ma vie n'a pas vraiment changé de la routine que je me suis faite. Certes, je déteste les routines, mais que peut-on faire si l'on est introverti ? Eh bien, parler aux amis via le téléphone, les appels vidéos et passer du temps avec sa famille, me direz-vous. Mais, comment dire… J'aime être seule, dans mon monde et rêver de l'impossible ! Il est vrai que j'aime de temps en temps avoir de la compagnie. Ça ne fait point mal ! Je suis vraiment complexe comme personne, je ne sais jamais ce que je veux et c'est bien un problème. Trêve de bavardage ! Passons maintenant à la manière dont je vis le confinement.

Mis à part les devoirs qui prennent la moitié de la journée, les *animes* accaparent beaucoup de mon temps. Les *shonens* débordant d'actions, les *shojos* nous transportant dans le monde romantique … Tout cela est une grande passion, pour nous, les *otakus*. Ce ne sont peut-être que des « dessins animés japonais », mais chaque manga, chaque anime apporte quelque chose de très intéressant. En premier, le Japon qui donne envie à de nombreuses personnes aimant les mangas de voyager là-bas, puisque c'est de là que vient ce monde vaste.

Le Japon est un pays magnifique, riche en culture, en traditions et en paysages, donc cela m'apporte beaucoup au niveau de la culture générale et de l'esprit. Et deuxièmement, selon le scénario, les situations des protagonistes sont très intéressantes. C'est-à-dire que certains mangas reflètent le monde réel, notre état d'esprit, etc. Et parfois, cela fait réfléchir sur soi-même. Donc je trouve vraiment excellent ce monde immense.

Néanmoins, je lis aussi des livres. Et comme tout le monde le sait, les livres représentent l'intelligence, l'imagination et la créativité. Cela me permet d'enrichir ma façon de penser, mon français, mon imagination et tout le reste. Donc, bien que les technologies nous envahissent peu à peu, un livre m'apporte énormément de connaissances, donc il est obligatoire de garder cette envie de lecture.

La méditation fait partie des activités auxquelles j'aspire constamment. Faire le point sur moi, me détendre et me calmer, étant quelqu'un de souvent angoissé et stressé. Non, je ne fais pas de yoga, mais j'écoute des sons traditionnels asiatiques. C'est très inspirant.

Vient maintenant le sport que je fais de temps en temps, histoire de garder la forme et de ne pas croupir dans la mauvaise nourriture. **Bien qu'un peu de chocolat fasse du bien.**

Bref, en soi, ma vie n'a pas changé et reste toujours aussi ennuyeuse aux yeux des autres. Je voudrais bien changer ma façon de vivre, s'il y avait un peu plus d'action dans cette autre. Le confinement n'aide en rien, ha ! ha ! Donc, même si je n'aime pas vraiment parler au reste du monde, vivement que le confinement se termine pour que je puisse agrandir mon groupe social.

Rajia

Le printemps plongeant dans le confinement
En cette jolie saison
Du printemps les fleurs
Furent toutes seules
Sans que le bon vent ne les
Agite à travers leur feuillage si jaune
Comme la couleur de notre bon soleil

L'homme resta emprisonné chez lui
Le virus ne laissa personne
Sur son chemin

Tant que l'homme ne prendra pas le dessus
Le virus chassera
Encore et encore.

Bahoz

Quand la prison
Se fait très douce
au velours blanc
des rues
s'ajoute
un frais ruban
de mousse
un sourire venu
on ne sait d'où
du Japon
Peut-être
De Gifu.

Linda

AMZARGOU Sarah ✆ ANTONIO Paul ☝
AROUSTAMYAN Anahit ✍ BARKAN Inssaf ✌
BENFERHAT Anis ☝ BOUADOUD Lina ✆
BOUKERRIT Fatima-Zahra ✋ BOUKERRIT
Zakarya ✇ BURSA Güleyda ☞ CHIKI Ferdaous
✌ DUREL Florent ✌ EL

| | LES AUTEURS |
OUAHABI Mohamed ☝
FOURARI Mohamed Amine

✆ GJILANI-DEVECI Mevlude ☝ HAMMANE
Ryad ☝ HEZBRI Wissam ✍ HOSSAIN Rajia ✌
HOUHA Nadir ☝ IBRAHIM Yousef ☝ KESKIN
Dylara ✋ LAHRECHE Zine-Abidine ☞
LAPIERRE Julie ✇ MAHDI Mohamed ✌
MAKHATADZE Iza ✌ MIHMAT Ilknur ✆
NOVAK Claire-Lise ☝ OBELLA Yahia ✆
OTHMAN Bahoz ✍ PARGALAVA Elene ✌
RUSSO Salvator ☞ SAHIN Melda ✋ SEDDIK
Serinne ☝ SIRAPANNHA Dock Champa ✌
STEVEN Linda ✌ TORGOMIAN Inesa ☝ UGUR
Serdar

Illustration 1ère de couverture :
IBRAHIM Yousef ✋ OTHMAN Bahoz

NOTES

© 2020, Florent Durel ; Linda Steven

Edition : Books on Demand,
12/14 rond-Point des Champs-Elysées, 75008 Paris
Impression : BoD - Books on Demand, Norderstedt, Allemagne
ISBN : 9782322238859
Dépôt légal : juillet 2020